교사 기도베이직

교사 기도 베이직

© 생명의말씀사 2019

2019년 11월 29일 1판 1쇄 발행
2025년 2월 7일   5쇄 발행

펴낸이 ㅣ 김창영
펴낸곳 ㅣ 생명의말씀사

등록 ㅣ 1962. 1. 10. No.300-1962-1
주소 ㅣ 서울시 종로구 경희궁1길 6 (03176)
전화 ㅣ 02)738-6555(본사) · 02)3159-7979(영업)
팩스 ㅣ 02)739-3824(본사) · 080-022-8585(영업)

지은이 ㅣ 이정현

기획편집 ㅣ 서정희, 김나연, 김민주
디자인 ㅣ 윤보람
인쇄 ㅣ 영진문원
제본 ㅣ 다온바인텍

ISBN 978-89-04-12172-4 (03230)

저작권자의 허락없이 이 책의 일부 또는 전체를
무단 복제, 전재, 발췌하면 저작권법에 의해 처벌을 받습니다.

"교사가 기도를 시작하면
무슨 일이 일어날까?"

교사 기도 베이직

이정현 지음

생명의말씀사

목차

들어가는 말　　　　　　　　　　　　　　　• 6

1부　왜 교사에게 기도가 생명인가

1장　기도, 어떻게 배워야 하는가　　• 16
2장　교사의 사명이 즐거워진다　　　• 28
3장　무엇을 어떻게 기도할 것인가　• 40

2부 교사들이여, 이렇게 기도하라
교사를 위한 기도문

4장	교사 자신을 향한 기도	• 50
5장	반 학생들의 믿음을 위한 기도	• 60
6장	반 학생들의 학교생활을 위한 기도	• 74
7장	반 학생들의 가정을 위한 기도	• 86
8장	어려움 가운데 있는 아이들을 위한 기도	• 94
9장	우리 반을 위한 기도	• 102
10장	우리 부서를 위한 기도	• 114

부록 : 교사 기도 노트 • 124

들어가는 말

교회학교 교사들을 응원하며 돕기 위해, 2018년도에 『교사 베이직』을 출간했습니다. 교회학교 교사라면 누구나 이해할 수 있도록 쉽게 소개했습니다.

그럼에도 교회학교 현장에는 여전히 교사 역할을 감당하기 버겁다고 호소하는 분들이 많았습니다. 교사로서 열심히 섬기고 싶은데, 가장 먼저 무엇을 해야 할지 난감해하는 선생님도 의외로 많았습니다.

그래서 제 안에 고민이 생겼습니다.

'지금 우리 교회학교 선생님들에게 가장 필요한 것은 무엇일까?'
'선생님들이 가장 먼저 실천해야 할 일은 무엇일까?'

그것은 기도였습니다. 저 같은 목회자에게 기도는 당연한 것이지만 교사들에게 기도하는 것이 쉬운 일은 아니었습니다.

특히 각 교회에는 다양한 선생님이 있습니다. 수십 년간 교사 직분을 감당해 온 베테랑 교사도 있지만, 아직 자기 믿음도 온전히 세우지 못한 초보 교사도 있습니다. 지금 이러한 교사들에게 가장 필요한 교육은 단연코 기도 교육임을 알게 되었습니다.

교회학교 선생님들이 기도를 구체적으로 실천하며 성장하도록 돕고 싶어 이번에도 펜을 잡게 되었습니다. 기도에 대한 가르침이라고 해서 무엇인가 특별한 내용은 또 아닙니다. 기본적이면서도 꼭 알아야 할 것들을 다룰 것입니다. 자연스레 삶에 녹아들어 생명과 능력이 되도록 말입니다.

'왜, 교사들에게 기도가 중요할까?'
'기도를 어떻게 배워야 할까?'
'기도를 시작하면 교사들에게 어떠한 유익이 생길까?'
'교사로서 무엇을 어떻게 기도해야 할까?'
'지금 기도해야 할 구체적인 기도 샘플들이 있을까?'

이 책은 단지 교회학교 교사로서 어떻게 기도해야 할지, 매뉴얼을 기술한 책이 아닙니다. 기도에 대한 동기부여와 더불어 실제로 어떻게 기도하면 좋을지, 오히려 기도에 대한 샘플과 가이드를 제시하고 있습니다.

처음으로 교사의 직무를 맡은 분들은 이 책에서 소개하는 대로 따라서 기도해도 좋습니다. 오랜 시간 교사로서 섬겨 온 분들도 자신의 기도생활을 다시 한 번 점검하며 기도하는 교사로서 영적으로 자신을 더욱 굳건히 세울 수 있는 기회로 삼길 권면합니다.

교사는 기도를 통해서 만들어지고, 교사가 기도할 때 우리 반, 우리 부서, 우리 교회가 살아나게 됩니다. 그런 체험을 기대합니다!

우리 교회 부서에 가장 연세 많은 남자 선생님이 있습니다. 전직 군인 장교 출신에 현재도 예비군 중대장입니다. 겉으로 보면 상당히 무뚝뚝해 보이고, 재미없어 보이는 스타일입니다.

그런데 연말이 되면 신기한 일이 발생합니다. 제법 많은 부모님들에게 청탁이 옵니다. 자기 자녀를 꼭 그 선생님 반으로 넣어 달라는 것입니다. 더 놀라운 일은, 스승의 주일이 되면 이미 졸업한 제자들까지 이 선생님을 찾아옵니다. 그간 받은 스승의 은혜가 너무 크다는 것입니다.

현재 우리 교회 부서 안에 이 선생님의 제자 출신 교사들이 제법 있는데, 한결같이 성실하고 반 관리를 잘합니다. 그 선생님으로서는 제자들과 함께 교사 직무를 감당하는 것이 마냥 행복할 것입니다.

한번은 교사 엠티를 앞두고, 선생님들이 그 선생님께 노하우를 물어봤습니다. 잔잔한 미소를 띠며 겸손하게 대답했습니다.

"특별한 것은 없지요. 그냥 목사님이 하라는 대로 했을 뿐입니다."

물론 이 답변은 다른 선생님들이 원하는 내용은 아니었을 것입니다. 좀 더 구체적으로 소개해 달라는 젊은 선생님들의 눈빛을 받고 일차적인 답변에 덧붙여 두 번째 자신의 반 관리 노하우를 이야기했습니다.

"핵심은 '반 아이들을 위한 기도'입니다."

여기까지는 특별한 것이 없었습니다.

"저는 새벽기도 나갈 때, 반 아이들을 위한 기도 노트를 가지고 갑니다. 한 페이지에 한 명씩 아이들의 이름과 한 줄 정도씩 아이들 기도제목을 적어 놓았지요. 새벽기도회 때, 아이들 이름을 한 사람씩 불러 가면서 기도합니다."

다른 선생님들이 기도에 대한 도전을 받는 중요한 순간이었습니다.

"중요한 것은 시간이 지나면서, 반 아이의 기도제목이 늘어난다는 것입니다. 처음에는 한 학생당 한 줄에 불과했던 기도제목이, 몇 달 지나면 한 장 전체를 채우게 됩니다. 반 아이 한 명당 노트 한 페이지의 기도제목을 갖게 되고, 그 아이를 위해 간절히 계속 기도하는 것이 노하우라면 노하우겠지요."

한 명당 한 페이지 분량의 기도제목, 이것은 그 선생님의 아이들을 향한 진정한 사랑의 모습이었습니다.

우리가 누군가를 사랑하고 소중하게 여기면, 그 사람을 위해서 시간을 투자합니다.

기도도 마찬가지입니다. 우리가 가장 먼저 기도하는 제목이 무엇입니까? 우리가 가장 우선순위로 두고 있는 것 아닌가요? 우리가 기도할 때 가장 많이 할애하는 기도제목 역시, 우리 삶에 가장 중요한 부분일 것입니다.

지금 교회학교 교사라면, 당신에게 있어서 반 아이들은 얼마나 중요합니까? 진정으로 중요하게 여겼다면 지금까지 그 아이들을 위해서 열심히 기도했을 것이고, 말로만 중요하다고 고백했다면 그 아이들을 위해서 그리 열심히 기도하지 못했을 것입니다.

많은 분이 질문합니다.
"드림교회 교회학교의 성장과 부흥의 가장 큰 열쇠는 무엇입니까?"
알다시피, 정답은 교사입니다. 드림교회 교회학교 선생님들에게는 특별함이 있습니다. 다른 교회보다 더 열정적이고, 더 헌신적이며, 더 많이 수고한다는 것입니다. 무엇보다도 선생님들의 남다른 열정과 헌신은 그들의 기도 가운데 나타나고 있습니다.
지금까지 교회 사역 현장에서 본 탁월한 교사들은 늘 공통점을 갖고 있었습니다. 그들은 기도의 사람이었습니다. 드림교회 새벽예배에는 늘 많은 성도가 나와서 기도하는데, 그중 상당수는 교회학교 선생님들입니다.

기도는 공장의 기계를 움직이는 연료이고, 자동차를 움직이는 휘발유와 같은 것입니다. 자동차가 멀리 가려면 휘발유가 많이 필요합니다. 특별히 그 휘발유가 고품질이라면 자동차의 엔진은 더 폭발적으로 반응할 것입니다. 기도는 교사를 움직이게 만드는 휘발유입니다. 강력한 기도는 교사를 강력한 존재로 만드는 영적 연료인 것입니다.

좋은 교사가 되고 싶습니까? 하나님이 기뻐하시는 교사가 되고 싶습니까? 나에게 맡겨 주신 작은 영혼들을 변화시키고 싶습니까? 기도하십시오. 기도하는 교사가 되십시오. 지금 당신에게 일차적으로 필요한 것은 기도입니다.

_이정현 목사

1부

왜 교사에게
기도가 생명인가

1장

**기도,
어떻게
배워야 하는가**

기도를 배워라

드림교회를 사임할 즈음, 한 청년 교사에게 편지와 선물을 받았습니다. 그 청년 교사는 저와 함께 9년간 청소년부를 이끌어 왔고, 특히 우리 부서의 핵심인 예배 팀의 인도자였습니다.

이 청년 교사는 다른 교회의 어떤 유급 사역자보다 탁월했으며 아이들에게 선한 영향력을 끼쳐 왔습니다. 그가 쓴 편지의 핵심 내용은 이것이었습니다.

"목사님 밑에 있으면서 본 것은 기도하는 것이에요. 제 경험, 생각, 판단대로가 아니라 늘 하나님께 먼저 묻고 내려놓으며, 하나님을 의지하는 법을 배웠어요."

기도를 배우는 가장 좋은 방법

기도를 배우는 가장 좋은 방법은 자기 부서 담당 교역자나 담임 목사님께 배우는 것입니다. 그것이 가장 쉬운 길이고, 가장 안전한 길입니다. 각 교회마다 사역자들을 세운 중요한 이유가 영적 영향력을 끼치기 위함이기 때문입니다.

훌륭한 사역자들의 공통점은 모두 기도를 우선순위에 두고 있다는 점입니다. 그들이 강력한 기도의 사람임을 증명하는 것입니다.

경남 거창이라는 시골 마을에서 놀라운 주일학교 부흥을 일으킨 거창중앙교회 이병렬 목사님도 이렇게 고백했습니다.

"주일학교 부흥은 기도밖에 다른 길이 없습니다."

새벽마다 얼마나 열심히 기도했는지, 교회 스피커가 여러 번 터졌다고 합니다. 얼마나 기도의 사람이었는지, 새벽 예배를 하루에 세 시간씩 드릴 정도였답니다. 그러한 기도로 인해 거창이라는 시골에 1천 명의 아이들이 몰리는 기적이 일어난 것입니다.[1]

그 교회 교사들은 모두 이병렬 목사님의 기도하는 모습을 보고 배우면서 그대로 따라서 사역에 동참한 것입니다.

안산 동산고 교목으로 섬기는 임출호 목사님도 자신이 섬겼던 교

---

[1] 이병렬, 『교회의 미래 어린이 안에 다 있다』, 생명의말씀사, 2018, 35쪽.

회 안에서의 부흥의 이유를 기도로 꼽았습니다. 그분은 다른 이들이 기도하기 전에 먼저 자신이 기도에 미친 사람이었습니다.

"목이 터지게 간절히 기도하는 가운데 '부흥을 주겠다.'는 하나님의 음성을 직접 듣기도 하였고, 수년간 토요일 저녁마다 아이들을 모아 놓고 기도회를 하였습니다. 수련회를 하면 새벽 3-4시까지 기도회를 인도하기 일쑤였습니다."

목사님의 고백에 의하면, 이러한 강력한 기도회를 인도하면 참여하는 학생들과 교사들도 함께 강력한 기도를 체험했다고 합니다.[2]

담당 교역자에게 기도에 대한 열정이 있으면, 그 열정은 순식간에 교사들과 학생들에게 녹아내립니다. 저는 보통 수련회를 하면, 저녁 집회를 6시간씩 인도했습니다. 그중 가장 많은 시간은 기도하는 시간이었습니다. 수련회가 끝나면 목이 회복되지 않아서 늘 쉰 목소리로 그다음 주 설교를 하였습니다.

우리 부서는 기도할 때 무조건 무릎을 꿇었습니다. 왜냐하면 '하나님께 철저히 굴복하는 선언'이 기도라는 것을 가르치고 싶었기 때문입니다. 드림교회 청소년부가 다른 교회와 차이점이 있었다면, 단연코 뜨겁게 기도하는 영적인 분위기였습니다.

---

[2] 임출호, 『파이프 목사의 청소년 부흥 이야기』, 요단, 2008, 62쪽.

기도하는 교사, 기도를 사모하는 교사의 특징

기도하는 교사, 기도를 사모하는 교사들에게 나타나는 특징이 있습니다. 늘 담당 교역자가 인도하는 기도회 자리에 함께합니다. 그들의 우선순위는 자기 부서의 기도 시간, 기도 모임에 있습니다. 기도라는 것은 담당 교역자가 기도회를 인도하는 그 자리에 있기만 하더라도 저절로 배우게 됩니다.

사역하면서 기억에 남는 부장 선생님이 있습니다. 부장으로서 늘 바쁘고 분주한데, 이분은 무슨 일이 있어도 기도하는 자리를 지켰습니다. 심지어 수련회 때, 장시간의 기도의 자리를 한시도 떠나지 않고 늘 끝까지 지켰습니다.

아무리 분주해도, 기도의 자리를 다른 것에 양보하지 않았습니다. 우리 부서의 가장 큰 부흥은 이분이 부장으로 있었을 때 일어났습니다.

기도하는 교사가 되기 위해서는 교회 안에 있는, 또는 부서 안에 있는 기도 모임에 적극적으로 참석하십시오! 기도하는 그 자리를 사수만 하더라도 당신은 기도하는 교사가 됩니다.

항상 우선순위를 기도하는 모임에 두고, 절대 그 자리를 빼앗기지 마십시오! 몇 년 안에 당신은 탁월한 교사가 되어 있을 것입니다.

이처럼 교회학교 기도의 원리는 늘 한결같습니다. 담당 교역자가 뜨거우면 교사들이 뜨거운 법이고, 그러면 아이들도 함께 뜨겁습니다. 영적 물줄기가 교역자에서 시작되기 때문입니다. 반대로 담당 교역자가 영적으로 뜨거움이 없으면, 교사와 아이들 모두 식어 있습니다.

여름과 겨울에 여러 교회 청소년 수련회를 인도하러 가면 이것이 정확히 보입니다. 교회는 뜨거운 교회와 식어진 교회로 정확히 양분화됩니다. 뜨거운 교회는 담당 교역자가 뜨거운 상태였습니다. 식어진 교회는 담당 교역자가 식어진 상태였습니다.

자기 교회 수련회를 하는데, 자신이 기도회를 인도하는 것을 부담스러워하는 사역자가 있었습니다. 아이들의 영적 변화를 위한 절호의 찬스인 수련회 시간에 기도회를 10-20분으로 끝내는 교역자도 보았습니다. 조심스럽지만, 자신의 기도 상태를 점검하고 사역자로서 준비되어 있는지 진지하게 생각해 보기를 권면하고 싶습니다. 안타까운 것은 이런 사역자 밑에서 교사로 섬기는 이들입니다.

기도의 롤모델, 주님께 배우라

만약에 교사로서 교회에서 교역자들을 통해서 기도하는 법을 배우기 힘들다면 다음의 방법을 활용하는 것도 좋습니다.

기도의 가장 좋은 모델은 주님이십니다. 그래서 주님의 기도를 그대로 직접 배우는 것입니다. 주님의 기도 노하우는 주기도문을 비롯해서 신약의 복음서 곳곳에 실려 있습니다. 복음서를 정독하기만 하더라도 기도의 모델을 찾을 수 있습니다. 하지만 교사들 가운데 분주한 삶의 현장 속에서 성경을 일일이 찾아 가면서 기도에 대해 연구할 교사는 많지 않을 것 같습니다.

간단하게 주님이 기도하셨던 샘플을 하나 제시하자면, 누가복음 5장 15-16절에 나와 있습니다. 유상섭 목사님은 이 본문 속에서 주님의 기도를 다음과 같이 묘사하였습니다.[3]

"예수의 소문이 더욱 퍼지매 수많은 무리가 말씀도 듣고 자기 병도 고침을 받고자 하여 모여 오되 예수는 물러가사 한적한 곳에서 기도하시니라."

첫째, 주님은 기도가 삶의 가장 중요한 우선순위였습니다.
본문의 배경을 보면, 예수님의 인기가 최고조에 올라가고 수많은 병자들이 오는 등 상당히 분주하고 바쁜 시점이었습니다. 더 많은 사람을 만나야 하고 더 많은 일을 해야 할 그 시점에 주님은 일을 중단하신 뒤 기도하러 가셨습니다.

---

3) 유상섭, 『예수님의 기도』, 다함, 2018, 30-31쪽.

왜냐하면 주님은 기도가 가장 중요한 삶의 우선순위였기 때문입니다. 기도는 시간이 나서 하는 것이 아니라 먼저 해야 할 우선순위임을 잊지 말기 바랍니다. 다른 어떠한 교회 사역보다 우선되어야 할 것은 오직 기도입니다.

둘째, 주님은 하나님과의 교제를 우선순위로 삼으셨습니다.

예수님은 수많은 사람의 병을 고치고 말씀을 가르치는 것보다 하나님과 교제하는 것을 더 중요시 여기셨습니다. 그래서 과감하게 바쁜 와중에 일을 중단하고 기도하러 가신 것입니다.

교사가 교회 일을 하나님보다 더 좋아하게 된다면 그 열정이 오래가지 못합니다. 교사의 첫 번째 우선순위는 내가 맡은 학생들이 아니라 하나님입니다. 그래서 교사가 내가 드리는 본예배에서 먼저 은혜를 받아야 합니다. 하나님과 교제하는 것을 수시로 즐거워해야 합니다.

예수님의 우선순위가 사역이 아니라 하나님과의 영적 교제였음을 잊지 마십시오.

셋째, 주님은 습관적으로 기도하셨습니다.

누가복음 5장 16절의 "기도하시니라"라는 문장은 헬라어 문법으로 보면 미완료 시제입니다. 그 문법적 의미는 '과거의 습관적이고 반복적인 행동의 표현'입니다. 예수님의 기도는 어쩌다 한 번 하는 기도가 아니라 과거부터 해왔던 습관적인 행동임을 알 수 있습니다.

우리가 하는 기도의 문제점은 하고 싶을 때 하지만 하기 싫을 때는 안 한다는 것입니다. 하지만 주님의 기도는 반복적이고 습관적인 기도였습니다. 교사라면 기도하는 시간이 정확히 있어야 합니다.

우리가 하고 싶을 때 하는 기도가 아니라 매일 하는, 반복적이고 습관적인 기도여야 합니다. 기도는 자주, 반복적으로 할 때 더 많은 능력과 은혜를 체험하게 됩니다.

넷째, 주님께서는 기도의 장소가 있었습니다.

예수님은 일부러 한적한 장소를 찾아가서 기도하셨습니다. 하나님과의 일대일 만남에 집중할 수 있는 조용한 장소가 필요하셨던 것입니다.

기도할 때 장소도 꽤 중요합니다. 제 경험을 비춰 보면 기도를 잘할 수 있는 장소와 기도하기 어려운 장소가 있습니다. 사람이 많은 장소나 기도의 방해 요소가 있는 곳은 철저히 피해야 합니다.

하나님과 일대일로 만날 수 있는 장소를 찾아야 합니다. 일차적으로 교회보다 더 좋은 기도의 장소는 없습니다. 교회는 만민이 기도하는 곳이기 때문입니다. 교회 오기가 쉽지 않다면, 반드시 누군

가에게 방해받지 않는 조용한 장소를 선택해서, 그곳에서 기도하길 바랍니다.

기도하는 법에 대해서 조금 더 도움을 받고 싶다면, 몇 권의 책을 추천하고 싶습니다.

첫째로 유상섭 목사님이 집필한, 『예수님의 기도』입니다. 이 책은 철저히 성경(누가복음과 사도행전)을 통해 예수님이 어떻게 기도하셨는지를 가르쳐 줍니다. 따라서 성경적 발판 위에서 기도하는 법을 배울 수 있습니다.

둘째로 『팀 켈러의 기도』입니다. 팀 켈러 목사님은 갑상선 암을 겪는 등 삶의 힘든 역경 속에서 기도하였습니다. 처음에 바른 기도를 하지 못하다가 나중에 바른 기도에 대해서 깨달았고, 그 결과물로 이 책이 나왔습니다.

책을 읽을 때 가장 중요한 것은 적용하는 자세입니다. 기도에 대한 책을 읽고 깨닫는 것으로 끝나서는 안 되고, 꼭 배운 것을 실천하여 기도로 옮겨야 합니다!

하지만 아직 홀로 기도하는 것이 어색하고 힘든 신앙의 경지에 있는 교사도 분명히 있을 것입니다. 또한 기도에 대한 책을 통해 도움을 받는 것이 어려운 교사도 있을 것입니다. 이런 분들에게 추천하고 싶은 방법은 교회의 예배나 기도회에 적극적으로 참여하는 것입니다.

특별히 교회 안에 영적인 분위기가 넘치는 집회 시간이 있다면, 그 시간에 참여만 하더라도 기도하는 마음이 생길 수 있습니다. 그러다가 그 시간, 그 자리에서 기도에 집중할 수 있게 될 것입니다. 기도하기 좋은 모임에 지속적으로 참석하다 보면, 자신도 모르게 기도의 사람으로 변화될 것입니다.

● 어떻게 기도를 배울까요?

1. 교회 목사님(교역자)을 통해 배우십시오.

2. 교회의 기도 모임 시간에 잘 참여하십시오.

3. 주님의 기도 모델을 따르십시오.

   - 주님은 기도가 사역보다 우선순위였습니다.
   - 주님은 하나님과의 교제가 우선순위였습니다.
   - 주님의 기도는 습관적이었습니다.
   - 주님께는 기도의 장소가 있었습니다.

4. 당신의 기도생활은 10점 만점에 몇 점이라고 생각합니까?
   (   )

2장

**교사의
사명이
즐거워진다**

이제 교사로 섬기는 게 즐거워요

　총회나 노회, 많은 교회에서 교사 세미나를 하면서 늘 느끼는 것은 많은 교사가 교사 직분을 어쩔 수 없이 감당하고 있다는 것입니다. 실제로 보면 차마 거절하지 못하는 착한 분들이 교사의 다수를 이루고 있습니다.

　더 이상 부흥과 성장과는 거리가 먼 대한민국 교회학교 현장 속에서 교사들은 '나라도 안 하면 교사 할 사람이 없다.'는 생각이 큽니다. 교회학교 교사로서 느끼는 행복감과 즐거움보다는 패배 의식이나 좌절감이 더 많은 것 같습니다.

　특히 교회 내부적으로 들리는 소리가 "과거에는 아이들이 많았는

데, 지금은 별로 없다."입니다. 이 책임이 마치 현재 교사들에게 있는 듯 여겨집니다. 매년 줄어드는 우리 아이들의 수를 보면 '내가 계속 교사를 해야 하는가?' 하는 자괴감마저 듭니다.

 재미있고 행복하게 교사로 섬기면 좋은데, 그러지 못하는 분들이 많이 있습니다.

 과연 어떻게 해야 선생님이 재밌게 사역하며 행복할 수 있을까요? 제가 처음 드림교회에 부임할 때 교회학교 교사가 230명이었는데, 지금은 430명을 넘어가고 있습니다. 매년 교사가 늘어나고 있습니다.

 드림교회는 연말에 광고를 통해서 교사를 모집하는 구조는 아닙니다. 연말이 되기 전에 각 부서 부장들을 통해서 이미 교사를 다 확충하는 구조입니다. 왜 다른 교회와 달리, 교사를 하고 싶어 하는 교인들이 많이 있을까요?

 일반 교인들이 볼 때 교회학교가 재미있어 보이고, 교사들이 행복해 보이기 때문이라고 생각됩니다. 실제로 신나서 사역하는 교사들이 정말 많이 있습니다. 그러면 교사들은 언제 가장 신나고 행복할까요?

교사들이 행복할 때

첫째, 열매가 있을 때입니다.

지금 하고 있는 사역에서 여러 가지 성과가 생기고 열매가 맺히면, 그 사역이 재미있고 신나는 것입니다.

그간 지나온 사역을 보면, 그 모든 열매는 기도와 항상 상관관계가 있었습니다. 드림교회에서 열매가 많은 교사들은 기도하는 교사들이었고, 열매가 많은 부서는 기도를 많이 하는 부서였습니다. 결국 기도가 교사들을 신나고 행복하게 만든 것입니다.

드림교회 초등부 안에 '무디반'이라는 독특한 반이 있습니다. 유명한 전도자 D. L. 무디가 처음 교회학교 교사를 맡을 때, 반 아이들을 한 명도 배정받지 못했습니다. 무디는 홀로 밖에 나가서 전도해서 아이들을 채우면서 반을 만들어 갔습니다.

그런데 나중에 무디가 전도해서 가르치는 반 아이들이 전체 부서 숫자보다 많아지게 되었습니다. 이처럼 무디가 사역한 방식을 따라 연초에 반 아이들 0명으로 시작해서 아이들을 채워 가는 반이 무디반인 것입니다.

이 무디반을 담당하는 권사님은 0명에서 시작하는데, 몇 달 만에 40명의 아이들을 홀로 만들어 냅니다. 그분의 초등부 사역에 대한 열정은 말로 다 표현하기 힘듭니다. 그런데 이분의 특징은 드림교회에서 가장 기도를 많이 하는 분이라는 것입니다.

매일 새벽마다 나와서 자기 반 아이들의 이름을 한 명씩 불러 가면서 기도합니다. 무디반 아이들은 부모가 교회에 다니지 않기 때문에 잠깐 신경을 놓으면 아이들이 교회에서 멀어지기 쉽습니다. 다른 반보다 훨씬 세밀하고 조심스러운 반 관리가 필요합니다. 권사님의 반 관리 노하우는 다른 것보다 일차적으로 기도였습니다. 기도하는 가운데 수년간 무디반을 부흥시키고 있습니다.

올해 드림교회 영아부에서 전도집회를 했는데, 전도의 신기록을 세웠습니다. 영아부는 4세 이하의 아이들이 모여 있기 때문에, 이 아이들이 교회에 오는 방법은 부모와 함께 오는 길밖에 없습니다.

평소 100명 정도 출석하는 영아부에, 그 전도집회가 있었던 주일 오전 예배 시간에 새 친구만 무려 70명이 교회에 왔습니다. 새롭게 교회를 방문한 부모들만 100명이 훨씬 넘었습니다. 이런 말도 안 되는 전도가 어떻게 가능했을까 궁금할 것입니다.

영아부는 전도집회를 앞두고 무려 3주간 매일 기도회를 하루에 세 번씩 하였습니다. 영아부 기도회가 오전 6시, 11시, 저녁 8시에 있었습니다. 얼마나 기도회를 열심히 인도하는지, 담당 교역자는 늘 목이 쉬어 있었습니다.

그리고 그 기도회가 끝나면 산부인과, 산후조리원, 소아과 등으로 전도하러 갔습니다. 부서 전체가 3주간 똘똘 뭉쳐서 기도하니까 열매로 나타난 것입니다.

드림교회 교회학교 부흥의 동력은 각 부서마다 열심 있는 교사들이 열심히 전도하는 데 있습니다. 그런데 그러한 교사들은 하나같이 기도하는 교사들이었고, 그들의 기도를 통한 열매가 전도였습니다. 청소년부에서 홀로 40명을 전도한 교사도 보았습니다. 그 교사 역시 누구보다 열심히 기도하는 교사였습니다.

이 시대에 많이들 하는 말이, "이제는 안 된다. 이제는 힘들다." 입니다. 대한민국 교회학교, 이제 끝이라고 생각합니까? 정말로 사사기 말씀처럼 이제는 다른 세대가 되어 버렸다고 믿습니까?

저는 그렇게 생각하지 않습니다. 지금도 교사들이 기도로 대동단결되면 언제든지 전도할 수 있고 얼마든지 열매들이 나타납니다.

매주 교회로 몰려오는 수많은 아이의 모습을 보면 당연히 교사로 섬기는 것이 재미있고 신나지 않겠습니까? 당신이 진정으로 기도의 사람이 될 때, 그 재미를 직접 체험하게 될 것입니다.

둘째, 반 아이들이 변화된 모습을 보일 때입니다.

교사로 섬기는 사역의 행복감은 자기 반 아이들이 변화된 모습을 보일 때 높아집니다. 아이들의 변화는 교사가 꼭 성경적 지식이 많다고 이뤄지는 것은 아닙니다.

김인환 목사님은 교회학교 교사 초창기 때 자신에게 성경 지식이 없어서 고민이 많았다고 합니다. 하지만 기도만은 놓치지 않았고, 기도하는 가운데 아이들이 변화되는 모습을 많이 봤다고 합니다.[4]

교회학교의 현장은 세상의 방식으로는 이해가 안 되는 것이 참 많습니다. 일주일에 겨우 한 시간 교육밖에 없는데, 아이들이 변화가 됩니다. 이것은 기적과 같은 일입니다. 제 주변에 이러한 기적을 간증하는 교사들이 많이 있습니다.

드림교회 청소년부에는 일진 학생들이 제법 있는 편입니다. 그 이유는 담당 교역자가 아이들을 차별하지 않고, 누구나 다 사랑으로 대해 주기 때문입니다.

실제로 일진 학생들을 교회에서 교육하는 것은 매우 힘든 일입니다. 엄청난 인내를 필요로 합니다. 일차적으로 다른 학생들이 일진 학생들의 일탈된 모습을 매우 싫어합니다.

또한 일진 학생들에게 들어가는 에너지가 너무 많습니다. 다른 아이들에게 그 에너지를 쓰는 편이 효과적으로 보일 수 있습니다.

---

4) 김인환, 『교사들이여, 절대 가르치지 마라』, 두란노, 2013, 62쪽.

그럼에도 불구하고 일진 학생들에게 신경을 쓰는 이유가 있습니다. 이 친구들이 변화되기 때문입니다. 정말로 1퍼센트의 가능성도 안 보이던 친구들이 변화됩니다.

작년 여름 수련회 때 중학교 2학년 남학생이 기도회 시간에 눈물 흘리는 모습을 보고 깜짝 놀랐습니다. 그 친구는 수련회에 관심이 없고, 전혀 기도할 생각이 없는 친구였습니다. 기도회가 끝나고 그 친구에게 물어봤습니다.
"너 왜 울었니?"
그 친구의 답변이 놀라웠습니다.
"제 손을 잡고 기도하는 선생님이 우니까 저도 따라 울었어요."
그렇습니다. 그 교사는 기도하는 교사였습니다. 평소에도 눈물로 기도하는 교사였습니다. 눈물의 기도가 딱딱했던 아이의 마음을 녹인 것이었습니다.

중학교 때부터 수년 동안 일탈 행동을 했던 학생들이 우리 교회에 제법 많이 있습니다. 그런데 그들이 고등학생이 되면서부터 행동이 매우 좋아졌습니다. 왜 그렇게 아이들이 달라졌을까요? 거기에는 선생님이 있었습니다. 바로 기도하는 선생님이었습니다.
과거에 문제 행동을 많이 보였던 친구가 직접 이야기를 해주었습니다. 자기가 과거에 왜 그렇게 나쁜 짓을 많이 했는지 모르겠다는 것입니다. 그리고 지금 선생님을 만나면서 교회에 오는 것이 정말 행복하고 좋다는 것입니다.

특히 담임선생님이 매주 문자 메시지를 보내 주는데, 그것이 매우 귀하고 감사해서 절대로 지우지 않고 다 보관하고 있다고 했습니다.

처음에 그렇게 문제가 많은 아이들이 있는 반을 맡은 선생님은 많이 힘들어했습니다. 그런데 선생님의 포기하지 않는 사랑이 아이들을 변화시킨 것입니다. 어떤 아이들은 그런 선생님이 자신의 이상형이라서, 나중에 그 선생님과 같은 스타일과 결혼하고 싶다고까지 말합니다.

이렇게 사랑이 넘치는 선생님들의 공통분모가 있는데, 모두 기도하는 선생님들이었습니다. 눈물의 선생님들이었습니다. 하나님은 그들의 눈물을 보고 계셨습니다. 이는 하나님이 인정하신 아름다운 눈물입니다. 그렇기에 반드시 아이들의 영혼을 변화시킵니다.

이렇게 교회 아이들이 변화되는 모습을 보이면, 계속 교사로 섬길 수 있는 힘이 생깁니다. 또 내가 왜 교사를 해야 하는지, 그 이유가 분명해집니다. 교회학교 교사로 섬기는 것이 육체적으로 고단하고 힘든 일이지만, 자신의 영혼이 기쁘고 행복하니까 더욱 열심히 교사로 섬기는 것입니다.

　물론 열매로 가기까지 기다림이 필요합니다. 때로는 끝을 알 수 없는 인내력도 필요합니다. 하지만 기도로 나아갈 때 언젠가는 반드시 열매가 나타납니다. 올해가 아니라면 내년에, 내년이 아니라면 내후년에라도, 아니 언젠가는 반드시 나타납니다. 기도는 사라지는 법이 없고, 기도는 실패하는 법이 없습니다.

　당신이 기도하는 교사가 될 때, 반 아이들에게도 반드시 변화가 밀려올 것입니다. 그 변화를 계속 체험하다 보면, 당신이 교회학교 교사의 직분을 감당하는 것이 세상에서 가장 재미있고 행복한 일이 될 것입니다.

　이러한 아이들의 변화는 교사들로 하여금, 계속 교사로 섬길 수 있는 힘을 실어 줍니다. 또한 교사로 섬겨야 할 이유를 명확하게 해 줍니다. 비록 육신은 힘들지만 영혼이 기쁘고 행복하니까 더 교사로 섬길 수 있는 힘이 생기는 것입니다.

　지금 당신이 기도하는 교사가 될 때, 반 아이들도 이러한 변화를 겪게 될 것을 확신하십시오. 교사로 섬기는 것이 세상에서 가장 행복하고 재미있는 일임을 몸소 보여 주십시오. 반 아이들의 변화를 체험한 교사가 느끼는 행복은 세상의 다른 일들과는 비교가 되지 않음을 깨닫기 바랍니다.

　이 이유 때문에 미국 제39대 대통령인 지미 카터도 매 주일 고향 교회로 내려갔습니다. 거기에는 자신이 가르치는 아이들이 있었고, 그들에게 말씀을 가르치는 일이 가장 행복했기 때문입니다.

　당신도 매일의 삶 속에서 기도하는 교사가 되어, 교사로 섬기는 일이 세상에서 가장 재미있고 행복한 일임을 간증하는 날이 오길 바랍니다.

● 얼마나 기도하고 있나요?

1. 우리 반 아이들을 위해서 얼마나 기도하고 있나요?

2. 우리 반 아이들의 기도제목을 알고 있나요?

3. 그간 응답받은 기도제목은 무엇이 있나요?

3장

무엇을 어떻게 기도할 것인가

믿는 사람들은 기도의 중요성을 잘 압니다. 그렇다면 교회학교 교사로서 어떻게 기도해야 할까요? 이미 기도의 전문가인 선생님들은 이러한 고민이 없겠지만, 아직 기도하기가 부담스러운 선생님들은 무엇을 어떻게 기도해야 할지 궁금할 것입니다.

우선 다른 교사들이 보통 무엇을 위해서 기도하는지를 살펴보면 도움이 됩니다.

드림교회 청소년부 담임교사 51명을 대상으로 교사들의 기도제목을 분석해 보았습니다. 큰 주제로 묶어 봤더니, 대략 32개의 기도제목이 나왔습니다.

그리고 어떤 기도제목으로 기도를 많이 하는지 빈도수별로 분류해 보았습니다. 이 기도제목을 살펴보면, 우리 반 아이들을 위해서 어떠한 기도제목으로 기도해야 할지 대략 알 수 있을 것입니다.

드림교회 청소년부 교사들 기도제목 (복수 응답)

- 반 학생들이 참된 예배자로 서도록(51%)
- 반 학생들의 믿음과 영적 성장을 위해(49%)
- 학생들이 수련회에 꼭 참석하여 영적으로 변화되도록(33%)
- 반 학생들이 꼭 주님을 만나도록(회심)(31%)
- 장기 결석하는 친구들이 주님께 돌아오도록(18%)
- 반 학생들의 믿지 않는 부모님의 전도를 위해(18%)
- 반 학생들이 기쁘고 즐겁게 신앙생활 하도록(14%)
- 교사로서 믿음 위에 굳게 서도록(14%)
- 반 학생들이 주일성수나 헌금생활 등을 비롯하여 신앙의 기본기가 서도록(12%)
- 반 학생들이 삶에서 본이 되는 학생이 되도록(12%)
- 반 학생들에게 하나님이 주신 꿈과 비전이 생기도록(12%)
- 교사로서 세상 속에서 구별되는 삶을 살도록(12%)
- 반 학생들이 만남의 축복을 경험하도록(12%)
- 더욱 많은 학생을 전도할 수 있도록(12%)
- 학생들의 필요에 민감하게 반응하는 교사가 되도록(10%)

- 우리 부서가 주님이 보시기에 아름다운 공동체가 되도록(10%)
- 반 학생들이 학교에서 기도 모임을 잘 세워 가도록(8%)
- 반 학생들이 세상에 선한 영향력을 행사하도록(8%)
- 반 학생들의 학업 가운데 지혜를 주시도록(8%)
- 반 학생들에게 건강을 주시도록(8%)
- 교사로서 주신 사명을 잘 감당하도록(8%)
- 한 영혼을 더욱더 사랑하는 교사가 되도록(8%)
- 하나 되고 믿음 넘치는 우리 반이 되도록(8%)
- 새로 온 학생이 교회에 잘 적응하도록(8%)
- 반 학생들의 진학(진로)의 문이 잘 열리도록(6%)
- 반 학생들이 부모님과 좋은 관계를 유지하도록(6%)
- 반 학생들의 우선순위가 잘 세워지도록(6%)
- 반 학생들이 주님과 동행하도록(4%)
- 힘들고 어려운 학생들을 주님이 도와주시길(4%)
- 반 학생들이 미디어 기기의 유혹에서 벗어나길(2%)
- 반 학생들이 시험 기간에 승리하도록(2%)
- 우리 부서에 사탄이 틈타지 않도록(2%)

선생님들이 평소에 하는 기도제목을 분석해 보니, 크게 여섯 가지 내용으로 압축되었습니다.

첫째, 반 학생들의 믿음과 영적인 성장을 위한 기도입니다.

전체 교사들의 기도 중에 빈도수가 가장 많은 기도제목은 지금 맡고 있는 반 학생들의 믿음에 집중되어 있는 것을 알 수 있습니다. 이것은 매우 바람직한 기도제목입니다. 교사의 가장 큰 목표는 아이들의 믿음의 성장이기 때문입니다.

둘째, 교사 자신을 위한 기도입니다.

특별히 교사의 믿음과 삶, 교사로서의 사명을 위한 기도제목이 그다음으로 높은 순서에 위치해 있음을 알 수 있습니다. 교사 자신이 영적으로 무너져 내리면, 맡은 반 아이들에게 선한 영향력을 주기 어렵습니다. 교사는 자신의 믿음을 굳게 하기 위해서 기도해야 합니다.

셋째, 반 학생들의 학교생활을 위한 기도입니다.

학생들은 하루의 가장 많은 시간을 학교에서 보내고 있기 때문에, 학생들의 학교생활을 위한 기도제목이 중요하게 보입니다. 교사는 학생들의 영적인 부분만 터치하는 것으로 끝나서는 안 됩니다. 아이들의 학교생활을 돌보고, 교우관계를 위해서도 기도할 수 있어야 합니다.

넷째, 반 학생들의 일반 생활을 위한 기도입니다.

이 영역은 학생들의 가정생활, 미디어 문제, 삶의 목표 문제를 포함합니다. 특히 가정 안에서 부모님과 관계를 좋게 유지하기 위한 기도제목이 상당히 중요합니다.

뿐만 아니라 불신 가정 출신일 경우, 부모님을 전도하는 것도 중요한 기도제목입니다. 좋은 교사일수록 아이들의 삶에 많이 관여가 되어 있고, 그들의 삶에 좋은 영향력을 행사하는 것을 알 수 있습니다.

다섯째, 우리 반 전체를 위한 기도입니다.

우리 반의 분위기 및 반의 방향성을 위한 기도제목이 여기에 포함됩니다. 교사라면 반 전체의 운영 및 관리에 대한 비전이 필요합니다. 그래서 반을 향한 큰 그림을 이루기 위해 기도해야 합니다.

여섯째, 우리 부서를 위한 기도입니다.

담당 교역자 및 부서의 하나 됨을 위한 기도제목이 있습니다. 단지 우리 반을 위한 기도에서, 우리 부서 전체를 향해 기도의 지경을 넓히는 것이 중요합니다.

지금까지의 기도제목 분석에 따른 교사들의 기도 내용을 읽어 보면, 당신에게 필요한 기도제목이 나올 것입니다. 이 기도제목을 토대로, 다시 한 번 당신만의 반 학생들을 위한 기도문을 작성해 보는 것도 유익할 것입니다.

● **실천해 보세요!**

우리 반을 위한 기도제목을 적어 보세요.

1.

2.

3.

4.

5.

6.

2부

~~~~~~

교사들이여, 이렇게 기도하라
- 교사를 위한 기도문

- 교사로서 온전히 사명 감당하길 원합니다!
- 교사인 제게 온전한 믿음을 주세요!
- 교사로서 제 삶이 먼저 본이 되게 해주세요!
- 아이들을 가르칠 때 사랑과 인내를 부어 주세요!

4장

교사 자신을 향한 기도

01

교사로서
온전히 사명
감당하길 원합니다!

하나님, 수많은 사람 가운데 저를 택하여
교사로 세워 주심에 감사드립니다.
오늘도 교사의 사명을 감당하는 것이
제 힘이나 지식 때문이 아니라
하나님 아버지의 능력과 은혜 덕분임을 믿습니다.

교사의 사명을 감당할 때,
오직 하나님께 붙들림 받도록 인도해 주세요.
무엇보다도, 제 안에 천하보다 귀한 한 영혼을
사랑할 수 있는 마음을 주세요.
올 한 해 제게 맡겨 주신 하나님의 귀한 영혼을
늘 사랑으로 품고 최선을 다하는 교사가 되게 해주세요.

> "그리스도 안에서 일만 스승이 있으되
> 아버지는 많지 아니하니
> 그리스도 예수 안에서
> 내가 복음으로써 너희를 낳았음이라."
> 고전 4:15

나중에 하나님이 보실 때,
"잘했다. 충성된 종아"라고
칭찬하실 수 있는 교사가 되게 해주세요.
매일 하나님이 맡겨 주신 그 영혼을 품고
기도하는 교사 되길 원합니다.

때로는 힘들고 어려운 일을 만나고
삶에 유혹이 찾아오지만
오직 믿음으로 승리하는 교사가 되게 해주세요.

끝까지 주신 사명 감당할 수 있도록 도우실 것을 믿고
예수님 이름으로 기도합니다. 아멘.

02
교사인 제게
온전한 믿음을
주세요!

하나님이 주신 큰 믿음이 제 안에 넘치길 원합니다.
교사의 사명을 감당할 수 있는 유일한 힘은
하나님으로부터 오는 믿음밖에 없음을 고백합니다.
제 안에 우선순위가
제 믿음을 먼저 굳게 세우는 일이 되게 해주세요.

교사인 제가 믿음 가운데 서 있지 않으면
학생들에게 믿음을 전파할 수 없기에,
하나님으로부터 오는 믿음으로 제가 세워지길 원합니다.
믿음을 세우기 위해서,
제가 먼저 바른 예배자의 삶을 살도록 도와주세요.

> "주께서 심지가 견고한 자를
> 평강하고 평강하도록 지키시리니
> 이는 그가 주를 신뢰함이니이다."
> 사 26:3

하나님께 예배드림이 가장 중요한 일이 되며,
그 예배를 통해서 하나님을 만나게 해주세요.
또한 매일 시간을 내어 기도하면서,
기도의 자리를 통해 제 믿음이 더욱더 굳게 해주세요.
하나님의 말씀을 사모하고,
그 말씀을 매일 읽고 묵상하는 연습을 통해
제 믿음이 강해지길 원합니다.

하나님, 제 안에 오직 주님의 은혜만을 사모하길 원합니다.
그러한 믿음이 제 안에 넘치길 원하며,
예수님 이름으로 기도합니다. 아멘.

03

교사로서
제 삶이 먼저
본이 되게 해주세요!

하나님, 제게 교사의 사명을 주신 이유가
세상 속에서 빛으로 살게 하시기 위함임을 믿습니다.
지금 세상은 기독교에 대한 반감이 크며,
기독교는 세상 속에서 빛의 사명을 잘 감당하지 못하는
어려운 시대입니다. 이러한 때,
제 삶의 모습이 세상 속에서 진정한 빛이 되길 소원합니다.

또한 우리 주변을 보면,
온갖 우상과 죄악과 더러운 것이 가득합니다.
제가 가르치는 아이들은 그 세상 속에 있습니다.
어둠이 가득한 이 세상 속에서 살아갈 때,
제가 빛으로서 세상을 밝히는 교사가 되길 원합니다.

> "이같이 너희 빛이 사람 앞에 비치게 하여
> 그들로 너희 착한 행실을 보고
> 하늘에 계신 너희 아버지께 영광을 돌리게 하라."
> 마 5:16

교회에서만 열심히 기도하고
예배하는 사람으로 머물지 않길 원합니다.
이 세상 속에서 삶으로써 선명하게
제 신앙을 보일 수 있는 교사가 되게 도와주세요.
그러기 위해서, 먼저 제 안에 착한 행실을
세상 사람들에게 나타낼 수 있는 교사가 되게 해주세요.
세상 사람들 앞에서 삶의 본보기가 되길 원합니다.
세상 속에서 예수 그리스도를 널리 드러내게 도우시고,
예수 그리스도의 향기와 편지가 되게 해주세요.

오직 이 모든 것이 하나님의 능력으로 가능함을 믿으며,
예수님 이름으로 기도합니다. 아멘.

04
아이들을 가르칠 때 사랑과 인내를 부어 주세요!

하나님, 우리 반 아이들 가운데
솔직히 마음에 들지 않는 아이들이 있습니다.
착하고 순한 아이들만 교회를 다니지 않기에,
제 생각과 많이 다른 아이들도 우리 반에 있습니다.

저도 모르게 착하고 잘 따라오는 아이들은 잘해 주고,
그렇지 않은 아이들은 차별할 때도 있었음을 고백합니다.
이러한 저의 부족함과 어리석음을 회개합니다.

먼저는 우리 반 아이들 가운데
잘못된 행동을 하는 아이들이 있더라도
그들을 용납할 수 있는 마음을 부어 주세요.

> "예수께서 그 어린아이들을 불러
> 가까이하시고 이르시되
> 어린아이들이 내게 오는 것을 용납하고 금하지 말라
> 하나님의 나라가 이런 자의 것이니라."
> 눅 18:16

십자가에서 참으시고 용서하신
주님의 모습을 닮기 원합니다.
아이들이 어떠한 나쁜 행동을 하더라도
절대로 그들을 미워하지 않게 도와주세요.
지금 우리 반 아이들에게 필요한 것은 훈육과 야단보다는
더 큰 사랑의 마음으로 포용하는 것임을 믿습니다.

올 한 해 제가 감당하는 모든 아이 한 명, 한 명을 대할 때,
오직 주님이 갖고 계시는 사랑과 인내의 마음을 부어 주세요.
이 아이들이 내 양이 아니라 주님의 양이라는 사실을 기억하고,
오직 사랑과 인내로 감당하도록 도와주세요.
예수님 이름으로 기도합니다. 아멘.

- 우리 반 아이들에게 구원의 확신을 주세요!
- 우리 반 아이들이 온전한 예배자가 되게 해주세요!
- 우리 반 아이들에게 참된 믿음을 심어 주세요!
- 우리 반 아이들이 주일성수 잘하게 도와주세요!
- 장기 결석하는 학생들이 모두 주님께 돌아오게 해주세요!
- 새로 온 아이들이 교회에 잘 적응하고 믿음을 갖게 해주세요!

5장

반 학생들의 믿음을 위한 기도

05
우리 반 아이들에게 구원의 확신을 주세요!

하나님, 이 시간
사랑하는 우리 반 아이들의 영혼을 위해서 기도합니다.
우리 반 아이들 가운데 매주 교회는 출석하지만
아직 구원의 확신이 없는 친구들이 많이 있습니다.
우리 아이들이 삶의 방향을 도덕적으로 성공한 성인군자가 아닌,
또한 공부를 잘해서 세상에서 성공한 인생이 아닌,
구원을 경험하여 믿음에 성공하는 것으로 정하게 도와주세요.

우리 반 아이들이, 오직 구원은 우리 죄를 위해서 피 흘려 죽으신
예수 그리스도의 십자가의 보혈로만 가능함을 믿게 해주세요.
우리 아이들에게 필요한 것은
예수 그리스도의 십자가의 죽음과 부활에 대한 강력한 믿음입니다.

"네가 만일 네 입으로 예수를 주로 시인하며
또 하나님께서 그를 죽은 자 가운데서 살리신 것을
네 마음에 믿으면 구원을 받으리라 사람이 마음으로 믿어
의에 이르고 입으로 시인하여 구원에 이르느니라."
롬 10:9-10

비록 지금 아이들이 어리지만, 그들의 순수한 마음속에
예수 그리스도의 십자가의 복음이 심기게 도와주세요.

복음의 역사를 교사의 힘으로 이룰 수 없지만
오직 성령께서 가능케 하심을 믿습니다.
우리 아이들의 신앙이 부모의 것에서
이제는 자기 것으로 바뀌게 되길 원합니다.

구원의 확신을 자신의 입술로 직접
간증할 수 있는 우리 반 아이들이 되게 해주세요.
이 모든 일을 하나님이 능히 하실 것을 믿으며,
예수님 이름으로 기도합니다. 아멘.

06

우리 반 아이들이 온전한 예배자가 되게 해주세요!

하나님, 이번 주일도
우리 반 아이들이 예배드리기 위해 교회로 옵니다.

하지만 우리 반 아이들 가운데
아직도 예배가 무엇인지 제대로 모르고,
형식적인 예배를 드리고 있는 아이들이 있습니다.
반 아이들 가운데 상습적으로 지각하고, 결석하며,
예배 시간에 떠들거나 아무것도 하지 않고
그냥 앉아만 있는 아이들도 있습니다.
이러한 아이들을 불쌍히 여겨 주세요.
하나님이 찾고 계시는 사람이 바로 진정한 예배자인데,
우리 반 아이들이 온전한 예배자로 변화되게 도와주세요.

> "아버지께 참되게 예배하는 자들은
> 영과 진리로 예배할 때가 오나니 곧 이때라
> 아버지께서는 자기에게 이렇게
> 예배하는 자들을 찾으시느니라."
> 요 4:23

예배 시간은 하나님을 만나는 시간이고,
하나님께 드리는 가장 중요한 시간임을 정확히 깨닫길 원합니다.
우리 반 아이들에게 예배에 목숨을 걸 수 있는
참 신앙을 심어 주세요.

삶의 어떠한 것보다 예배가 우선순위가 되는
우리 반 아이들이 되게 도와주실 것을 믿습니다.
예배 시간에 온전히 집중하는 우리 반 아이들이 되게 해주세요.

우리 반 아이들이 드리는 예배를 온전히 받아 주실 것을 믿으며
예수님 이름으로 기도합니다. 아멘.

07

우리 반 아이들에게
참된 믿음을
심어 주세요!

하나님, 우리 반 아이들의 믿음의 성장을 위해 기도합니다.
아이들의 키가 자라고 지혜가 자라고 있지만,
가장 중요한 믿음이 자라지 않으면 소용이 없음을 알고 있습니다.
아이들 가운데 엄마 배 속에서부터 교회는 다녔지만,
여전히 어린아이 신앙에 머물러 있는 이들도 있습니다.

우리 아이들에게 믿음이 없으면
하나님을 기쁘시게 할 수 없고 구원에 이를 수 없음을 압니다.
특별히 아이들에게 말씀을 통해서 믿음이 들어가게 해주세요.
주일 설교 말씀을 통해서, 또한 분반공부 시간의 말씀을 통해서
바른 믿음이 들어가게 은혜를 부어 주세요.

"또 어려서부터 성경을 알았나니
성경은 능히 너로 하여금
그리스도 예수 안에 있는 믿음으로 말미암아
구원에 이르는 지혜가 있게 하느니라."
딤후 3:15

어릴 때부터 큐티와 말씀을 묵상하는 법을 배워서
참 믿음을 소유하도록 도와주시길 소원합니다.

이 세상의 조류는 우리 아이들을
믿음과 반대되는 길로 자꾸 인도를 하고 있습니다.
이러한 때 더욱더 우리 아이들에게 필요한 것은 믿음밖에 없습니다.

우리 반 모든 아이가 예수 그리스도 안에 있는
믿음에 이르도록 항상 인도해 주세요.
예수님 이름으로 기도합니다. 아멘.

08

우리 반 아이들이
주일성수 잘하게
도와주세요!

하나님, 우리 반 아이들 중에
아직 믿음이 연약하여 주일성수를 잘 못하는 아이들이 있습니다.
신앙의 가장 기본이 주님의 날을 먼저
주님의 날로 인정하고, 잘 지키는 것임을 압니다.
우리 반 아이들에게 주일이 어떠한 날인지
알 수 있는 믿음을 주세요.

주님이 우리를 위해서 죽으시고 부활하신 일을
기념하는 중요한 날임을 알게 도와주세요.
그래서 이날을 우리가 우리를 위해서 사용하지 않고,
온전히 주님을 위하는 날로 보내기 원합니다.
오직 주일의 우선순위가 하나님께 드리는 예배가 되게 해주세요.

> "너는 이스라엘 자손에게 말하여 이르기를
> 너희는 나의 안식일을 지키라
> 이는 나와 너희 사이에 너희 대대의 표징이니
> 나는 너희를 거룩하게 하는 여호와인 줄 너희가 알게 함이라."
> 출 31:13

간혹 학생들 가운데 신앙의 우선순위가
세워져 있지 않은 경우가 있습니다.
주일에 학원이나 아르바이트, 개인적 약속으로
교회를 빠지는 일이 생기곤 합니다.
이제는 바른 주일성수 신앙이 생겨서,
꼭 예배를 우선순위로 두게 도와주실 줄 믿습니다.

오직 주일을 주님의 날로 여기고,
주님을 위해 시간을 보내는 우리 반 아이들이 되길 원합니다.
우리 반 아이들에게 주일성수의 믿음을 주실 것을 믿으며,
예수님 이름으로 기도합니다. 아멘.

09

장기 결석하는 학생들이
모두 주님께
돌아오게 해주세요!

하나님, 우리 반 아이들 가운데
하나님을 떠나 있는 불쌍한 영혼들이 있습니다.
그간 아이들을 위해서 연락도 하고 많은 노력을 했지만,
여전히 하나님께 오지 못하고 있습니다.
저는 그 아이들의 형편과 상황을 잘 모르지만
하나님이 그들의 모든 처지를 다 알고 계심을 믿습니다.

혹시라도 제가 아이들의 상황을 잘 모르고 소통하지 못했다면,
저를 먼저 불쌍히 여기시고 긍휼을 베풀어 주세요.
저에게 그 영혼들을 향한 더 많은 관심과 사랑을 부어 주세요.
하나님은 모든 사람을 구원에 이르게 하실 수 있음을 믿습니다.

> "믿음으로 말미암아 그리스도께서
> 너희 마음에 계시게 하시옵고
> 너희가 사랑 가운데서 뿌리가 박히고 터가 굳어져서
> 능히 모든 성도와 함께 지식에 넘치는 그리스도의 사랑을 알고."
> 엡 3:17-18

지금은 잠시 하나님에게서 떠나 있지만
하나님의 능력의 역사가 임할 때,
이 모든 영혼이 다시 돌아오게 하실 것을 믿습니다.

하나님, 우리 반 출석부에 있는 영혼들에게
강력한 구원의 역사가 나타나게 도와주세요.
비록 몇몇이 구원의 선상에서 비켜난 모습일지라도
하나님의 놀라운 능력이 그 영혼들에게 나타나서
다시 주님께 나아오며, 구원을 체험하길 원합니다.
하나님이 역사하실 것을 믿으며
귀하신 예수님 이름으로 기도합니다. 아멘.

10

새로 온 아이들이 교회에 잘 적응하고 믿음을 갖게 해주세요!

하나님, 우리 반에 새로운 친구를 보내 주심을 감사합니다.
먼저 이 아이를 하나님이 선물로 주심에 감사하고,
하나님의 양으로서 잘 보살피길 원합니다.
아직 구원의 확신이 없는 아이라면,
먼저 이 아이에게 구원의 확신을 심게 도와주세요.
이 아이가 마음의 문을 열고 복음을 들을 수 있게 해주세요.
예수님이 이 아이를 가장 사랑하심을 알게 하시고,
예수님을 자기 주인으로 모실 수 있게 되길 원합니다.

이 아이가 예수 안에서 참 기쁨과 은혜가 넘치게 해주세요.
새로운 친구가 교회에 잘 적응할 수 있길 원합니다.

"하나님이 세상을 이처럼 사랑하사
독생자를 주셨으니
이는 그를 믿는 자마다 멸망하지 않고
영생을 얻게 하려 하심이라."
요 3:16

좋은 신앙의 친구들을 만나게 해주셔서,
신앙생활이 동역자들과 더불어 기쁨이 되게 해주세요.

혹시라도 신앙의 뿌리가 박히는 것을 가로막는
사탄의 방해가 있다면, 하나님이 모두 물리쳐 주세요.
우리 교회 안에서 신앙의 뿌리가 잘 자라게 돕길 원합니다.

하나님이 이 모든 것을 이끄심을 믿으며
예수님 이름으로 기도합니다. 아멘.

- 학교에서 예수 믿는 학생답게 살며, 선한 영향력을 행사하게 해주세요!
- 학교에서 만남의 축복을 주세요!
- 학업 가운데 지혜와 명철을 주세요!
- 시험 기간에도 믿음이 흔들리지 않으며 승리하게 해주세요!
- 우리 학생들이 다니는 학교를 붙잡아 주세요!

6장

반 학생들의
학교생활을 위한 기도

11

학교에서 예수 믿는
학생답게 살며, 선한 영향력을
행사하게 해주세요!

하나님, 이 시간
우리 반 아이들의 삶을 위해서 기도합니다.
우리 아이들은 믿지 않는 자들이 대다수인 세상 속에서
오늘 하루를 살아가고 있습니다.

먼저 우리 아이들이 예수 그리스도로 옷 입게 해주세요.
예수 믿는 모습이 우리 아이들에게 넘치길 원합니다.
아직도 예수 믿는 모습이 삶에 없는 아이들이 있다면,
하나님의 능력으로 변화시켜 주셔서
예수 믿는 학생으로 살게 도와주실 것을 믿습니다.

우리 자녀들이 가장 많은 시간을 보내는 학교 안에서도
온갖 나쁘고 죄악된 것들로부터 보호해 주세요.

"너희는 세상의 소금이니
소금이 만일 그 맛을 잃으면 무엇으로 짜게 하리요
후에는 아무 쓸데없어 다만 밖에 버려져 사람에게 밟힐 뿐이니라
너희는 세상의 빛이라 산 위에 있는 동네가 숨겨지지 못할 것이요."
마 5:13-14

아이들은 학교에서 나쁜 영향을 받기 쉽습니다.
우리 반 모든 아이가 학교 안에서
빛과 소금의 역할을 감당할 수 있는 힘을 주세요.
학교에서 말과 행동이 믿지 않는 아이들에게
선한 영향력을 행사하게 되길 원합니다.
우리 아이들 안에 있는 예수 그리스도의 마음이
다른 믿지 않는 친구들에게 모두 전달되어서,
그들의 심령들도 변화되게 해주세요.

이 모든 것이 우리 아이들 스스로의 힘으로는 불가능하나
오직 성령님이 하실 수 있음을 고백합니다.
학교 안에서 일하실 성령 하나님을 의지하며,
예수님 이름으로 기도합니다. 아멘.

12

학교에서 만남의 축복을 주세요!

아이들을 지금 다니는 학교에 보내신 데는
하나님 아버지의 뜻이 있을 줄 압니다.
우선은 우리 아이들이 제대로 예수 믿으며
성경적 가치관을 가지고 학교에서 생활하도록 도와주세요.

학교 안에는 많은 동급생과 선후배들이 있습니다.
아이들이 학교에서 많은 시간을 친구들과 보내며
서로 영향을 주고받는데,
그 과정 속에서도 하나님이 역사해 주시길 소원합니다.
무엇보다도 하나님의 사랑을 함께 나누고
하나님의 나라를 세워 갈 수 있는 친구들 되게 해주세요.

> "그는 곧 너로다 나의 동료, 나의 친구요
> 나의 가까운 친우로다
> 우리가 같이 재미있게 의논하며 무리와 함께하여
> 하나님의 집 안에서 다녔도다."
> 시 55:13-14

좋은 친구들과 만날 수 있도록 인도해 주세요.
하나님이 싫어하시는 길로 이끄는 친구들이 아니라
하나님이 기뻐하시는 길을 함께 걸을 수 있는
선한 친구들이 많이 붙도록 도와주실 것을 믿습니다.
다윗과 요나단처럼, 마음을 같이하고
사랑과 의리를 나눌 수 있는 좋은 친구들을 허락해 주세요.

우리 아이들이 어느 학교에 가든, 어느 곳에 있든
최고의 만남을 경험하도록 이끌어 주실 것을 믿으며,
예수님 이름으로 기도합니다. 아멘.

13

학업 가운데
지혜와 명철을
주세요!

오직 하나님만이 모든 능력이 되심을 믿고 고백합니다.
세상 속에 사는 학생들은 세상의 방법으로
높은 점수와 좋은 대학을 꿈꾸며 달려가지만,
하나님의 자녀인 우리 아이들은
하나님의 방법으로 이 땅에서 승리하길 원합니다.

먼저 지혜와 지식의 근원이
오직 하나님이시라는 것을 아이들이 알게 해주세요.
그래서 하나님만을 의지하고 신뢰하는 가운데
학업에 매진하는 학생들이 되게 해주실 줄 믿습니다.

> "브살렐과 오홀리압과 및 마음이 지혜로운 사람
> 곧 여호와께서 지혜와 총명을 부으사
> 성소에 쓸 모든 일을 할 줄 알게 하신 자들은
> 모두 여호와께서 명령하신 대로 할 것이니라."
> 출 36:1

인간의 기술과 방법을 뒤로하고,
더욱더 하나님만을 의지하는 가운데,
우리 아이들에게 하나님의 지혜와 명철이 풍성하길 원합니다.
우리 아이들 각자에게 하나님이 주신 은사와 재능이
무엇인지 발견하는 은혜를 내려 주세요.

모든 재능을 자기를 위해서 개발하는 것이 아니라
하나님의 영광을 위해서 사용하도록 이끌어 주세요.
우리 아이들의 학업에 은혜를 베풀어 주셔서,
오직 하나님의 크신 영광을 나타내는 아이들이 되길 원합니다.
예수님 이름으로 기도합니다. 아멘.

14

시험 기간에도
믿음이 흔들리지 않으며
승리하게 해주세요!

시험을 이기게 하시는 하나님,
우리 아이들이 공부하고 있는 세상에서는
경쟁이 날로 더욱 과열화되고 있습니다.
우리 아이들이 아무리 열심히 해도
나보다 더 공부 잘하는 친구들로 인해 자괴감에 빠지기 쉽습니다.
그런 가운데 시험 기간이 되면 많은 학생이 학업 보강으로 인해,
교회를 빠지고 학원으로 갑니다.

그들 안에 당장 코앞에 있는
시험 성적에 대한 불안한 마음이 너무 커서,
예배를 뒤로하고 학원에 앉아 있습니다.
하나님, 시험 기간에 우리 아이들 안에 있는 불안한 마음,
근심, 걱정, 경쟁심, 이기심은 모두 사탄의 전략임을 압니다.

> "그러므로 너희가 견디고 있는
> 모든 박해와 환난 중에서
> 너희 인내와 믿음으로 말미암아
> 하나님의 여러 교회에서 우리가 친히 자랑하노라."
> 살후 1:4

우리 아이들을 하나님으로부터 서서히 멀어지게 하며,
세상으로 이끄는 사탄의 계략이 그 안에 있습니다.
먼저, 우리 아이들에게 시험 기간에도
흔들리지 않는 믿음을 주세요.
성적 자체보다 하나님의 일하심을 볼 수 있는 큰 믿음을 원합니다.
세상의 여러 가지 속삭임과 유혹의 소리를 듣지 않고,
오직 하나님의 말씀을 경청할 수 있는 믿음을 심어 주세요.

시험 기간에 예배의 자리를 지켜서
더 적은 시간 공부할지라도,
과정과 결과 속에서 하나님의 일하심을
크게 체험하도록 도와주세요.
예수님 이름으로 기도합니다. 아멘.

15

우리 학생들이 다니는 학교를 붙잡아 주세요!

하나님, 이 시간 우리 아이들이 다니고 있는
학교를 위해서 기도합니다.
학교는 아이들이 가장 많은 시간을 보내는 삶의 터전입니다.
학교가 우리 아이들을 향한 하나님의 복과 사랑을
경험하는 축복의 통로가 되길 소원합니다.

학교들이 입시 위주의 교육만을 추구하지 않게 해주세요.
또한 대한민국 공교육이,
오직 성적에 모든 것을
집중하는 구조에서 벗어나길 원합니다.
학교 안에서 폭력, 따돌림, 음란, 이기심,
동성애와 같은 죄악이 떠나가게 해주세요.

> "내 안에 거하라 나도 너희 안에 거하리라
> 가지가 포도나무에 붙어 있지 아니하면
> <u>스스로 열매를 맺을 수 없음같이</u>
> 너희도 내 안에 있지 아니하면 그러하리라."
> 요 15:4

아이들이 다니는 학교가 그릇된 길에서 벗어나게 도와주세요.
비록 세상적 가치관이 창궐한 이 땅의 교육 현장이지만,
그곳에서도 하나님이 살아 역사하실 것을 믿고 의지합니다.

우리 아이들이 다니는 학교가, 믿지 않는 자들조차도
하나님의 역사하심을 체험할 수 있는 학교가 되게 해주세요.
교직원들 역시 하나님의 권세 아래 굴복되길 원합니다.

학교를 다니는 우리 아이들이
오늘도 매 순간 하나님께 붙들림 받을 수 있도록 이끌어 주세요.
예수님 이름으로 기도합니다. 아멘.

- 우리 반 아이들의 가정에 화목과 안정을 주세요!
- 부모들이 믿음을 가지고 아이들을 양육하게 해주세요!
- 비신자 부모들이 하나님께 나아오도록 이끌어 주세요!

7장

반 학생들의 가정을 위한 기도

16

우리 반 아이들의 가정에 화목과 안정을 주세요!

하나님, 이 시간 우리 반 아이들의 가정을 위해서 기도합니다.
가정은 하나님이 만드신
우리 아이들의 삶에 정말 중요한 터전입니다.
가정이 화평하고 든든할 때,
우리 아이들의 삶도 평안하게 될 것을 알고 있습니다.
먼저 교사로서 우리 반 아이들의 가정에 관심을 갖고
아이들의 가정을 위해서 꾸준히 기도하길 원합니다.

특히 우리 반 아이들의 가정 가운데
물질적인 어려움이 있는 가정이 있으면,
하나님의 도우심이 임하여서
그 가정이 입고 먹고 쓰는 일로 고통받지 않도록 도와주세요.

> "마른 떡 한 조각만 있고도
> 화목하는 것이 제육이 집에 가득하고도
> 다투는 것보다 나으니라."
> 잠 17:1

우리 반 아이들의 가정 중에 부부 사이가 안 좋거나
부모 문제로 불화하는 가정이 있다면,
하나님의 만져 주심이 부모들에게 임하기를 원합니다.
믿음의 선배인 부모들이 서로 사랑하고
친절하게 격려할 수 있도록 변화시켜 주세요.
건강의 어려움이 있는 가정이 있다면,
하나님의 치유의 손길이 아픈 식구들 위에 임하여서
고쳐 주시길 간절히 원합니다.

반 아이들 가정 안의 모든 근심, 걱정이 사라지게 해주시고,
하나님이 주신 평안과 위로가 넘치게 도와주세요.
예수님 이름으로 기도합니다. 아멘.

17

부모들이 믿음을 가지고 아이들을 양육하게 해주세요!

하나님, 우리 반 아이들에게
좋은 부모들을 허락하심을 감사합니다.
하나님이 부모들을 세우신 이유가,
하나님을 대신해서 우리 아이들을
주님의 뜻대로 양육하시기 위함임을 믿습니다.

하나님, 우리 부모들이 이 세상을 매일 살아가는 것이
쉬운 일이 아님을 알고 있습니다.
그들에게 많은 고충과 어려움이 있기도 합니다.
먼저는 부모들이 오직 하나님의 말씀 가운데
이 세상을 살 수 있도록 믿음을 더하여 주세요.
그래서 부모의 믿음의 선한 영향력이
아이들에게 잘 전수되도록 이끌어 주시길 원합니다.

> "또 아비들아 너희 자녀를
> 노엽게 하지 말고
> 오직 주의 교훈과
> 훈계로 양육하라."
> 엡 6:4

부모들을 통해서 우리 아이들이
세상을 영적으로 이기는 법을 배우게 해주시고,
믿음의 챔피언들이 되게 도와주실 줄 믿습니다.
또한 우리 부모들이 매일 감사함으로 살아서,
아이도 감사와 기쁨의 삶을 살도록 이끌어 주세요.
부모들에게 선한 행실이 넘치고,
타인을 향한 양보와 배려의 마음을 심어 주셔서
우리 아이들 역시 늘 선행을 추구하고
양보와 배려가 넘치는 삶을 살기 원합니다.

오직 부모들이 우리 자녀들을
하나님의 말씀으로 양육하도록 주님이 이끌어 주실 줄 믿으며,
예수님 이름으로 기도합니다. 아멘.

18

비신자 부모들이
하나님께 나아오도록
이끌어 주세요!

하나님, 우리 반 아이들 가운데
부모들이 예수님을 믿지 않는 가정이 있습니다.
때로는 부모들의 반대와 핍박 속에서도
믿음을 지키고 교회에 출석하는 아이들이 있습니다.

아직 육신의 부모님에게 믿음의 선한 영향을 받지 못해도,
영적 부모이신 하나님이 지켜 주시고 이끌어 주세요.

부모 없이 홀로 신앙생활 하는 아이들을 돌아봅니다.
그들의 믿음을 굳게 해주셔서,
부모들에게 선한 영향을 미치며
가정에서 축복의 통로가 되길 원합니다.

"이르되 주 예수를 믿으라
그리하면 너와 네 집이
구원을 받으리라 하고."
행 16:31

매일 저와 우리 아이들이
부모의 구원을 위해서 기도하고 있는데,
그 기도가 속히 응답되어서
우리 반 아이들의 온 식구가
구원받는 하나님의 백성 되게 해주세요.
우리 반의 모든 가정이 예수만 믿는 복된 가정이 될 것을
꿈꾸며 기도하오니, 하나님이 응답해 주실 줄 믿습니다.

능력의 하나님이 부모들의 닫힌 마음의 문을 열어 주사
주님께 나아오는 구원의 역사가 나타나게 해주세요.
이 모든 것, 오직 하나님 아버지께서 하실 것을 믿으며,
예수님 이름으로 기도합니다. 아멘.

- 고난과 고통 가운데 있는 우리 아이들을 건져 주세요!
- 방황하고 있는 아이들이 돌아오게 해주세요!
- 미디어에 빠진 아이들을 중독에서 건져 주세요!

어려움 가운데 있는 아이들을 위한 기도

19

고난과 고통 가운데 있는
우리 아이들을
건져 주세요!

하나님, 우리 반에 고통받으며 힘들어하는 이들이 있습니다.
하루하루를 근심과 눈물로 보내는 아이들도 있습니다.
이 땅에 죄가 들어옴으로,
우리의 삶에 필연적으로 고통과 아픔과 슬픔이 존재합니다.
어른도 견디기 힘든 고통과 아픔이
우리 어린 아이들의 삶에 벌써 뿌리박혀 있기에,
이 시간 간절히 기도합니다.

우리 반 아이들 가운데 학교생활 부적응 문제와
친구 문제로 고통 속에 있는 아이들이 있습니다.
학교를 다니는 것 자체가 스트레스이고
괴로움의 연속인 아이들을 주님의 크신 팔로 안아 주세요.

"환난 날에 나를 부르라
내가 너를 건지리니
네가 나를 영화롭게 하리로다."
시 50:15

또한 가정에서 발생된 아픔으로 인해
힘들어하는 아이들도 있습니다.
게다가 육신의 건강이 좋지 않아서
고통의 나날을 보내는 아이들도 있습니다.
대한민국이 세계 속에서 풍요로운 나라가 되었지만,
오히려 그 가운데 결핍을 경험하는 아이들도 많습니다.

하나님, 교사인 저는 아이들의 고통과 어려움을 다 알지 못하고,
그들에게 직접적인 도움도 주지 못합니다.
능력의 하나님이 우리 아이들 한 명, 한 명을 만져 주셔서,
모든 고통에서 자유하고 회복되는 역사가 일어나도록 도와주세요.
예수님 이름으로 기도합니다. 아멘.

20

방황하고 있는
아이들이
돌아오게 해주세요!

하나님, 우리 반에 방황하는 영혼들이 있습니다.
어렸을 때부터 가정환경이 좋지 않아서
나쁜 친구들과 쉽게 어울려 그 안에 빠져
세상 속에서 방황하는 아이들을 만나 주시길 간구합니다.
매일 나쁜 친구들과 술, 담배를 가까이하며
이성 친구와 부적절한 만남을 갖는 학생도 있습니다.

지금의 현실이 너무나도 힘들어서
아예 가출해 버린 학생도 있는데, 기억해 주세요.
벌써 부모가 포기해 버려 방치된 아이들이 있습니다.
하나님, 제발 이 아이들에게 찾아가 주세요.
그들을 강한 주님의 사랑으로 만져 주시길 간구합니다.

> "이 내 아들은 죽었다가
> 다시 살아났으며
> 내가 잃었다가 다시 얻었노라 하니
> 그들이 즐거워하더라."
> 눅 15:24

하나님이 이 아이들에게 진정한 아버지가 되어 주세요.
고난 가운데 방황하는 아이들이 돌아오길 기다립니다.
하나님을 잊어버리고 세상 속에서 방황하는 아이들이
모두 하나님께 돌아오도록 이끌어 주실 줄 믿습니다.

사람의 힘으로 되지 않지만 하나님이 하시면 됩니다.
우리 아이들의 방황하는 삶이 청산되고,
하나님의 품에 안기는 새로운 삶이 만들어지길 소원하며,
예수님 이름으로 기도합니다. 아멘.

21
미디어에 빠진 아이들을 중독에서 건져 주세요!

하나님, 아이들은 아직 지정의가 온전히 완성되지 않아서,
무엇이 옳고 그른지를 판단하기가 어려울 때가 많습니다.
혼란스런 가운데 스마트폰과 인터넷을 통해서
수많은 죄악이 아이들의 눈과 귀를 침범해 와 있습니다.
특히 잔혹한 게임들과 수많은 음란물이
너무나도 쉽게 우리 아이들의 삶 속에 들어와 있습니다.
우리 아이들의 머리 위에 죄가 둥지를 틀고,
아이들을 영원히 장악하려 하고 있습니다.

하나님, 먼저 우리 아이들에게
죄를 죄로 볼 수 있는 영적인 시각과 판단력을 주세요.

"너희는 이 세대를 본받지 말고
오직 마음을 새롭게 함으로 변화를 받아
하나님의 선하시고 기뻐하시고 온전하신 뜻이
무엇인지 분별하도록 하라."
롬 12:2

세상에서 강력한 죄의 유혹이 찾아올 때,
과감히 거절하고 멀리할 수 있는 믿음의 용기를 주세요.
항상 하나님이 무엇을 기뻐하시는지를
구분해 내는 지혜를 얻길 간구합니다.
미디어를 통해서 악하고 어두운 영이
우리 아이들의 몸과 영혼을 죄로 물들게 하는데,
언제나 성령 안에 머물며
몸과 마음으로 하나님만을 높이게 해주세요.

하나님만을 찬양하고 영광 돌리는 아이들로
변화시켜 주실 것을 믿으며.
예수님 이름으로 기도합니다. 아멘.

- 오직 하나님께 이끌림 받아,
  한 비전과 방향을 향해 달려가게 해주세요!
- 아이들 모두 친밀한 교제가 넘치는 반 되게 해주세요!
- 교사와 학생들이 매끄럽게 소통하는 반 되게 해주세요!
- 우리 반 아이들에게 꿈과 비전을 주세요!
- 많은 영혼을 전도하여, 부흥하고 성장하는 반 되게 해주세요!

9장

우리 반을 위한 기도

22

오직 하나님께 이끌림 받아,
한 비전과 방향을 향해
달려가게 해주세요!

하나님, 올해 저에게 귀한 반을 맡겨 주심을 감사합니다.
우리 반의 주인이 하나님 되심을 먼저 인정하고,
하나님께 모든 것을 맡기니, 직접 우리 반을 이끌어 주세요.
교사로서 제 안에 있는 성공하고자 하는 마음과
잘되길 원하는 마음을 뒤로하게 하시고,
어떠한 순간에도 하나님께 인도함 받도록 도와주세요.

우리 반을 향한 하나님의 계획이 분명히 있음을 알고 있습니다.
하나님의 계획을 저와 반 아이들 모두가 알게 하시고,
주님이 주신 비전을 이루는 데 최선을 다하게 해주세요.

> "푯대를 향하여 그리스도 예수 안에서
> 하나님이 위에서 부르신
> 부름의 상을 위하여 달려가노라."
> 빌 3:14

올 한 해 우리 반을 통해서 이루실
하나님의 일하심과 목표가 있음을 알고 있습니다.
이 모든 것 역시 제 힘이 아닌
하나님 아버지의 힘으로 이뤄지게 하셔서,
오직 하나님의 뜻을 이룰 수 있는 반이 되길 원합니다.

하나님 안에서 같은 마음을 품어
모두가 한마음으로 달려가며,
협력하여 선을 이룰 수 있는 반이 되게 이끌어 주세요.
예수님 이름으로 기도합니다. 아멘.

23
아이들 모두 친밀한 교제가 넘치는 반 되게 해주세요!

하나님, 올 한 해 제게 수많은 아이를 맡겨 주심을 감사합니다.
우리 반 아이들의 모습을 보면 각양각색입니다.
가정의 상황도 다르고, 삶의 형편도 다르며,
신앙의 깊이에도 많은 차이가 있습니다.
비록 아이들이 다양하지만, 우리 반 아이들이
서로를 이해하고 용납할 수 있는 마음을 품기 원합니다.

매 주일 한 번씩 보기 때문에
서로 친해지는 데까지 시간이 더 필요할 수 있지만,
하나님이 우리 반 아이들 한 명, 한 명에게 찾아와 주셔서,
아이들의 마음의 문을 열어 주세요.
무엇보다도 우리 반 아이들에게
예수님의 마음이 전해지길 원합니다.

> "사랑하는 자들아 우리가 서로 사랑하자
> 사랑은 하나님께 속한 것이니
> 사랑하는 자마다 하나님으로부터 나서 하나님을 알고 사랑하지
> 아니하는 자는 하나님을 알지 못하나니 이는 하나님은 사랑이심이라."
> 요일 4:7-8

예수님의 사랑의 마음이
우리 반 아이들 한 명, 한 명에게 나타나서,
서로를 사랑하게 될 줄 믿습니다.

이 시대에 남을 아끼고 챙기며
사랑하는 것이 쉽지 않음을 압니다.
그럼에도 불구하고 우리 반 안에
서로를 향한 사랑이 꽃피게 해주세요.

마침내 우리 반이 천국의 공동체가 되어서,
모두가 사모하고 본이 되는 반이 되길 원합니다.
그리스도 안에서 향기로운 교제가 넘쳐나길 기도하며,
예수님 이름으로 기도합니다. 아멘.

24

교사와 학생들이 매끄럽게 소통하는 반 되게 해주세요!

하나님, 반 아이들과 저의 관계를 위해서 기도합니다.
지금 세상의 교육 현장은 학생과 교사 사이에,
또한 부모와 교사 사이에 불신과 거짓이 팽배합니다.
학생과 부모가 교사를 고소하고,
교사가 학생과 부모를 불신하고 있습니다.
이러한 상황이지만, 우리 반이 오직
하나님의 인도하심을 경험해서,
교사와 학생 사이에 신뢰와 사랑이 넘치는
천국의 공동체가 되길 원합니다.

제가 교사로서 아이들의 눈높이에 맞춰서 교육하게 하시고,
늘 아이들의 고민을 들어 주고 공감하며,
이해하고 가까이할 수 있도록 도와주세요.

> "그들의 역사로 말미암아
> 사랑 안에서 가장 귀히 여기며
> 너희끼리 화목하라."
> 살전 5:13

때로는 제가 아이들의 모습에 실망하고 좌절하지만,
아이들도 제 모습에 실망할 수 있고,
주님은 저로 인해 더 실망하실 수 있음을 기억하게 해주세요.
주님의 마음으로 반 아이들을 보듬을 수 있길 원합니다.

제가 늘 주님을 닮아 가는 모습을 실천하게 해주시고,
우리 반 아이들도 그러한 제 모습을 닮게 해주세요.

하나님의 풍성한 사랑 가운데
소통이 원활한 반을 만들어 주실 것을 믿으며,
예수님 이름으로 기도합니다. 아멘.

25

우리 반 아이들에게
꿈과
비전을 주세요!

하나님, 우리 반 아이들을 사랑하시고
하나님의 자녀로 선택해 주심을 감사합니다.
아직은 아이들이 주님의 뜻을 잘 모를지라도
하나님이 우리 아이들 한 명, 한 명을 향한
놀라운 계획을 갖고 계심을 알게 될 줄 믿습니다.
하나님의 꿈은 우리 아이들의 지능의 높고 낮음과 상관없고,
빈부의 격차와 상관이 없음을 기억하며 선포합니다.

우리 반 아이들이 하나님이 주신 꿈을 알고,
매일 그 꿈을 가꿔 가는 아이들로 자라길 기대합니다.
오늘도 우리 반 아이들 한 명, 한 명에게 찾아와 주셔서,
그들을 향한 꿈의 길로 이끌어 주세요.

> "그 후에 내가 내 영을 만민에게 부어 주리니
> 너희 자녀들이 장래 일을 말할 것이며
> 너희 늙은이는 꿈을 꾸며
> 너희 젊은이는 이상을 볼 것이며."
> 욜 2:28

많은 우리 아이들이 세상의 목소리로 인해서
하나님의 음성을 듣지 못하고, 세상의 판단에 의해서
하나님의 꿈을 보지 못하곤 합니다.
세상이 볼 때 무모해 보이는 꿈일지라도,
하나님의 진정한 꿈이 우리 아이들에게 심기길 원합니다.

특히 지금까지 아무도 생각하지 못하고 꿈꾸지 못했던
놀라운 꿈을 우리 반 아이들에게 주셔서,
하나님이 기뻐하시는 거룩한 꿈쟁이가 되게 해주세요.
어려서부터 성실하게 하나님이 주신 꿈을 품고 살아가는
아이들이 되게 도와주실 것을 믿으며,
예수님 이름으로 기도합니다. 아멘.

26

많은 영혼을 전도하여, 부흥하고 성장하는 반 되게 해주세요!

하나님, 저와 우리 반 아이들에게
영혼을 사랑하는 마음을 주세요.
우리를 살리기 위해서 하나밖에 없는 아들을 내어 주신
하나님 아버지의 사랑의 마음이
우리 반 아이들 모두에게 넘쳐나길 소원합니다.
이 시간 먼저 기도할 때, 출석부에 이름만 있고
교회를 떠나 있는 아이들을 위해서 기도합니다.
다시 하나님이 그들에게 다가가셔서,
주님께 돌아오는 역사가 일어나게 해주세요.
또한 우리 아이들 주변에 있는 친구들,
신앙에 전혀 관심이 없는 친구들을 붙들어 주세요.

> "그러므로 너희는 가서 모든 민족을 제자로 삼아
> 아버지와 아들과 성령의 이름으로 세례를 베풀고
> 내가 너희에게 분부한 모든 것을 가르쳐 지키게 하라
> 볼지어다 내가 세상 끝날까지 너희와 항상 함께 있으리라 하시니라."
> 마 28:19-20

우리 반 아이들이 학교에서 믿음 없는 친구를 볼 때
'어떻게 하면 주님께 인도할까?'라고 생각하게 해주세요.
우리 반 아이들이 구원의 기쁨을 홀로 간직하지 않고,
다른 친구들과 나눌 수 있게 되길 원합니다.
말로만 하나님을 전하는 것이 아니라,
삶의 본이 되게 해주셔서, 믿지 않는 아이들이
우리 반 아이들의 모습을 보고 교회로 올 수 있게 해주세요.

교사로서 먼저 영혼 구원 사역에 앞장서길 원합니다.
아이들을 만나는 일에 우선순위를 두며 주님을 의지합니다.
올 연말에 더욱더 부흥하고 성장의 열매를 얻게 해주세요.
예수님 이름으로 기도합니다. 아멘.

- 우리 부서가 믿음 위에 든든히 서 있도록 도와주세요!
- 아이들에게 필요한 프로그램을 잘 준비하고 기획하도록 인도해 주세요!
- 담당 교역자와 부장이 부서를 은혜로 잘 이끌게 도와주세요!
- 우리 부서의 모든 아이를 축복하게 해주세요!

10장
우리 부서를 위한 기도

27

우리 부서가
믿음 위에 든든히 서 있도록
도와주세요!

하나님, 이 시간 우리 부서를 위해서 기도합니다.
우리 부서 안에는 적지 않은 아이들이 있습니다.
그 안에는 믿음이 좋은 아이도 있고, 연약한 아이도 있습니다.
하나님, 이 시간 기도할 때 우리 부서의 존재 목적이
아이들의 믿음을 세우는 데 있음을 기억하게 해주세요.
믿음이 연약한 아이는 온전케 하기 위해 최선을 다하고,
믿음이 단단한 아이는 더욱 장성케 하는 부서가 되길 원합니다.

하나님, 지금은 세상의 유혹과 풍파가 너무나도 강합니다.
우리 아이들이 쉽게 흔들리고 영향을 받습니다.
어떠한 상황도 능히 이겨 내는 우리 부서가 되게 해주세요.

> "그러므로 누구든지 나의 이 말을 듣고 행하는 자는
> 그 집을 반석 위에 지은 지혜로운 사람 같으리니 비가 내리고
> 창수가 나고 바람이 불어 그 집에 부딪치되 무너지지 아니하나니
> 이는 주추를 반석 위에 놓은 까닭이요."
> 마 7:24-25

세상과 절대 타협하지 않고
오직 믿음의 길을 걷는 우리 부서가 되고 싶습니다.
교사가 먼저 믿음의 본이 되어서,
예배생활과 기도와 말씀에 깨어 있길 원합니다.

우리 부서의 모든 아이가 믿음 위에 굳게 서게 해주세요.
우리 부서의 가치가 아이들의 숫자에 있지 않고,
믿음의 분량에 있음을 믿습니다.
오늘도 믿음으로 세우실 것을 믿으며
예수님 이름으로 기도합니다. 아멘.

28

아이들에게 필요한 프로그램을 잘 준비하고 기획하도록 인도해 주세요!

하나님, 우리 부서에는
절기와 때와 행사에 맞는 다양한 프로그램들이 필요합니다.
하나님의 복음과 진리의 말씀은 불변하지만,
그것들을 효과적으로 전달하기 위해서는
새로운 시대에 맞는 프로그램들이 필요합니다.

이 시간 먼저 기도할 때,
준비하는 모든 교사에게 지혜를 주세요.
지혜의 근본이 하나님이시기에,
지금 우리 아이들에게 가장 적합한 프로그램을
하나님이 직접 알려 주시고 인도해 주시길 간구합니다.

> "충성되고 지혜 있는 종이 되어
> 주인에게 그 집 사람들을 맡아
> 때를 따라 양식을 나눠 줄 자가 누구냐."
> 마 24:45

우리가 기획하는 프로그램들이
단순히 아이들에게 흥미만 유발하는 것으로 끝나지 않고,
아이들을 복음과 진리로 이끌 수 있도록 도와주세요.
또한 즉흥적인 프로그램이 되지 않고,
각 프로그램마다 분명한 방향과 목표의식이 있길 원합니다.

각 프로그램을 통해서 영혼을 살리고,
우리 아이들의 믿음을 더욱더 견고하게 세울 줄 믿습니다.
지금 우리가 준비하는 프로그램들이 이 시대 아이들의 눈높이에
가장 잘 맞고, 효과적이도록 인도해 주세요.
예수님 이름으로 기도합니다. 아멘.

29

담당 교역자와 부장이
부서를 은혜로 잘
이끌게 도와주세요!

하나님, 우리 부서를 담당하는
교역자와 부장 선생님을 주심을 감사합니다.
우리 부서에 세우신 리더들에게 하나님의 은혜와 복을 내려 주세요.

먼저는 교역자와 부장 선생님께 영적인 힘을 더해 주세요.
하나님의 일은 세상의 일과는 달라서,
하나님이 도와주시지 않으면 결코 이뤄지지 않습니다.

매 순간 하나님의 도우심이 교역자와 부장 선생님께 임하여
영적으로 우리 부서를 온전히 이끌도록 은혜 주시길 원합니다.
많은 일을 계획하고 진행할 때마다 필요한 지혜를 주세요.

> "너는 진리의 말씀을 옳게 분별하며
> 부끄러울 것이 없는 일꾼으로 인정된 자로
> 자신을 하나님 앞에 드리기를 힘쓰라."
> 딤후 2:15

담당 교역자와 부장 선생님을 도우사,
우리 부서의 온 교사를 잘 이끌 수 있는 포용력을 허락해 주세요.

리더들도 인간인지라 연약함이 있고, 흔들릴 때가 있습니다.
연약할 때, 마귀가 틈타지 않도록 하나님이 붙잡아 주시고,
늘 믿음으로 다시 일어설 수 있도록 도와주실 줄 믿습니다.

교역자와 부장 선생님을 통해서 우리 부서가 하나 되고
협력하여 많은 열매를 맺을 수 있도록 이끌어 주세요.
예수님 이름으로 기도합니다. 아멘.

30

우리 부서의
모든 아이를
축복하게 해주세요!

우리 부서에 보내 주신 아이들을 축복합니다.
하나님이 우리 아이들과 동행하셔서,
그들에게 참된 믿음을 심어 주세요.
어떠한 상황에서도 오직 예수님 한 분만 붙잡고 살아가는
진정한 믿음의 아이들이 되도록 도와주실 줄 믿습니다.

그냥 교회만 출석하는 그리스도인이 아니라,
내 삶을 전적으로 주님께 드리고 헌신하는
진정한 그리스도인으로 살도록 인도해 주세요.
이 세상을 밝히는 믿음의 세대가 되길 원합니다.
아이들이 학교와 가정 속에서 자신들의 일을 잘 감당하게 하셔서,
세상 속에서 빛과 소금이 되는 모습을 보고 싶습니다.

> "네 아버지의 하나님께로 말미암나니
> 그가 너를 도우실 것이요 전능자로 말미암나니
> 그가 네게 복을 주실 것이라 위로 하늘의 복과
> 아래로 깊은 샘의 복과 젖 먹이는 복과 태의 복이리로다."
> 창 49:25

믿지 않는 자들에게 선한 영향력을 행사하길 원합니다.
우리 아이들이 복음을 부끄러워하지 않으며,
오히려 복음을 전달하는 일꾼이 되게 해주세요.
우리 아이들이 세상의 성공을 좇아가는 것이 아니라,
오직 하나님의 영광을 위해 살도록 도와주실 줄 믿습니다.

이 아이들이 우리 사회와 지역을 뛰어넘어서
이 나라와 민족을 영적으로 먹여 살리는
역사적 위인이 되게 해주세요.
오직 예수 그리스도를 나타내는 예수 세대가 되길 원합니다.
우리 모든 아이를 믿음의 동역자로 세워 주심을 감사하며,
예수님 이름으로 기도합니다. 아멘.

교사 기도 노트

Date   .   .

- 기도제목

- 응답의 과정

Date   .   .

● 기도제목

● 응답의 과정

교사 기도 노트

Date   .   .

- 기도제목

- 응답의 과정

Date   .   .   .

● 기도제목

● 응답의 과정

사명선언문

너희가 흠이 없고 순전하여……세상에서 그들 가운데 빛들로
나타내며 생명의 말씀을 밝혀 _ 빌 2:15-16

1. 생명을 담겠습니다
만드는 책에 주님 주신 생명을 담겠습니다.
그 책으로 복음을 선포하겠습니다.

2. 말씀을 밝히겠습니다
생명의 근본은 말씀입니다.
말씀을 밝혀 성도와 교회의 성장을 돕겠습니다.

3. 빛이 되겠습니다
시대와 영혼의 어두움을 밝혀 주님 앞으로 이끄는
빛이 되는 책을 만들겠습니다.

4. 순전히 행하겠습니다
책을 만들고 전하는 일과 경영하는 일에 부끄러움이 없는
정직함으로 행하겠습니다.

5. 끝까지 전파하겠습니다
모든 사람에게, 땅 끝까지, 주님 오시는 그날까지
복음을 전하는 사명을 다하겠습니다.

서점 안내

광화문점	서울시 종로구 새문안로 69 구세군회관 1층 02)737-2288 / 02)737-4623(F)
강남점	서울시 서초구 신반포로 177 반포쇼핑타운 3동 2층 02)595-1211 / 02)595-3549(F)
구로점	서울시 동작구 시흥대로 602, 3층 302호 02)858-8744 / 02)838-0653(F)
노원점	서울시 노원구 동일로 1366 삼봉빌딩 지하 1층 02)938-7979 / 02)3391-6169(F)
일산점	경기도 고양시 일산서구 중앙로 1391 레이크타운 지하 1층 031)916-8787 / 031)916-8788(F)
의정부점	경기도 의정부시 청사로47번길 12 성산타워 3층 031)845-0600 / 031)852-6930(F)
인터넷서점	www.lifebook.co.kr